# ÉLOGE
# DE BOSSUET.

## DISCOURS

QUI A PARTAGÉ LE PRIX D'ÉLOQUENCE, DÉCERNÉ PAR L'ACADÉMIE
FRANÇAISE DANS SA SÉANCE PUBLIQUE DU 25 AOUT 1827.

### Par M. SAINT-MARC GIRARDIN,

PROFESSEUR DE SECONDE AU COLLÉGE ROYAL DE LOUIS-LE-GRAND.

## A PARIS.

### DE L'IMPRIMERIE DE FIRMIN DIDOT,

IMPRIMEUR DE L'INSTITUT ET DE LA MARINE,

RUE JACOB, N° 24.

M DCCC XXVII.

# ÉLOGE

# DE BOSSUET.

> Le caractère d'un tel génie,
> c'est la richesse et l'ordonnance.
>
> VILLEMAIN, *Nouveaux mélanges*,
> De l'éloquence chrétienne dans le IV<sup>e</sup> siècle.

Quelques années après la mort de Bossuet, le clergé de France s'assembla : c'est là que siégeaient ces évêques contemporains de Bossuet, témoins de ses travaux, les uns qu'il avait instruits et éclairés, les autres qu'il avait soutenus et affermis, quelques-uns qu'il avait combattus, tous qu'il avait édifiés par ses vertus et ravis par son génie. C'est là que son éloge aurait dû être prononcé : spectacle imposant que ces prélats réunis pour proclamer les décrets de la foi, et inaugurant cette assemblée solennelle par le panégyrique du dernier Père de l'Église.

G.  1

Aujourd'hui, après un siècle et plus écoulé, c'est devant l'Académie française que nous venons faire l'éloge de Bossuet; mais sa mémoire ne perdra rien à la différence des temps et des juges. La gloire des grands hommes a plusieurs aspects, et chaque époque peut y trouver son point de vue. Sous Louis XIV, l'Église eut vanté l'évêque et le théologien : aujourd'hui c'est le politique, l'historien, le philosophe, que nous étudierons, et nous louerons Bossuet avec la curiosité inquiète et remuante de notre siècle, comme ses contemporains l'auraient loué avec la gravité et le calme de leurs esprits. Enfin, dans cette réunion des représentants de notre littérature tout entière, cet homme qui eut à la fois tant de mérites divers trouvera des orateurs qu'inspira souvent son éloquence, des critiques qui pénètrent dans le secret de son génie, des hommes d'état qui jugeront sa politique, et de pieux évêques qui rendront témoignage de son zèle pour la foi et de ses travaux contre l'hérésie.

C'est le devoir du prêtre de tout ramener à Dieu : c'est là aussi, par un admirable accord, le caractère du génie de Bossuet : de là cette harmonie imposante entre ses fonctions et ses idées : théologie, histoire, politique, philosophie, il n'y a point de science, *en quelques lieux écartés que l'ait jetée la tempête des opinions humaines*, qu'il ne rappelle à Dieu; il marche d'un pas sûr dans les voies de l'Église, l'œil fixé vers le ciel, poussant devant lui toutes nos pensées et toutes nos doctrines, châtiant l'une, restreignant l'autre, et les amenant devant le trône de Dieu pour en faire le plus bel hommage que l'homme ait pu jamais offrir à son Créateur, celui de la raison humaine éclairée et soumise.

Tel est Bossuet; c'est la religion qui imprime à ses ouvrages un caractère d'unité majestueuse : ses idées se répandent de tous côtés, mais reviennent toujours aboutir à Dieu. C'est Dieu qui préside à tous les mouvements de son esprit, à ces vives et impétueuses saillies de son éloquence, à ces profondes méditations de sa pensée; disciple respectueux de l'Église, prêt à s'humilier à sa voix, c'est l'image de la force obéissante; son génie s'est réglé sans se ralentir, et, contenue par le frein salutaire de la foi, son imagination n'en est que plus belle en devenant plus sûre : de là cette solidité de jugement qui s'allie à l'enthousiasme, et ce sublime qui ne coûte rien à la raison; de là cet esprit qui, pour me servir de ses expressions, *trouve sa sérénité dans sa hauteur*; de là aussi ce bon sens dans le génie, marque distinctive de Bossuet et du siècle de Louis XIV.

Examinons d'abord l'état de la France et de l'Église au moment où parut Bossuet; cherchons ensuite à démêler la nature de son génie dans la controverse, dans la politique, dans la philosophie et dans l'histoire; enfin étudions son admirable éloquence.

Bossuet raconte que, jeune encore, il vit le cardinal de Richelieu entrer à Paris dans une chambre de bois, portée par dix-huit gardes qui se relayaient de distance en distance : malade et moribond, mais vainqueur de ses rivaux, ce ministre hautain traversait Paris au milieu de l'étonnement du peuple et des muettes imprécations de ses ennemis : la foule sur son passage s'entretenait, les uns de sa puissance, les autres de son génie; peu songeaient à Dieu et à ses coups inattendus, si ce n'est, je l'imagine, ce jeune homme destiné à l'Église, cet enfant qui sera Bossuet, et qui peut-être, à la vue d'une si haute fortune comparée avec la fragilité humaine, méditait déja sur la vanité des choses de la terre. Bientôt Dieu acheva la leçon : Richelieu mourut, et Bossuet alla voir ce ministre puissant étendu sur son lit de parade, magnifique spectacle où le peuple vient satisfaire sa curiosité, où le courtisan rêve à ses intrigues, et que la piété seule sait comprendre. Ainsi une secrète prédestination amenait Bossuet près de ce cercueil, comme si le ciel voulait déja instruire son enfance du peu que vaut le monde, comme si l'orateur à qui il fut donné de faire retentir, au milieu des palais, les terribles enseignements de la mort, devait en quelque sorte commencer son éducation devant le lit funèbre de Richelieu : c'était là une des époques de Bossuet, c'était son premier souvenir.

A quinze ans, il lut la Bible; c'est un événement dans la vie du jeune prêtre que la première lecture de la Bible; c'est une sorte d'initiation solennelle : voilà donc ce livre qui commence avec le monde et que couronne l'Évangile, ce livre dicté par Dieu et accompli par Dieu; de quelle ardeur dut s'enflammer Bossuet à cette sainte lecture! livre sacré, qu'il étudiera toute sa vie, qu'il invoquera à toutes les heures, qui sera sa force contre l'hérétique, par qui il humiliera les rois, par qui il consolera les paysans; livre saint, laisse ce jeune enfant s'abreuver de ta parole; laisse-le puiser aux sources de la foi; bientôt il la répandra du haut de la chaire évangélique. Qui sut mieux sentir l'Écriture tour-à-tour simple et majestueuse, sublime et naïve? Aussi comme il s'en est empreint! c'est là ce qui donne à cet évêque de la cour de Louis XIV cet air d'antiquité, à ce prédicateur de Versailles le langage d'un prophète, à ce contemporain de

la Fronde le caractère des temps anciens : pieuse métamor-
phose, qui le dépouille, pour ainsi dire, de tout ce qu'il a
de moderne et de passager, et lui communique quelque
chose de l'immortalité de la sainte parole.

Alors vivait un de ces hommes dont l'inépuisable charité
semble une des preuves vivantes de la vérité du christianisme,
saint Vincent de Paul, qui fut le dernier des saints, comme
Bossuet le dernier des Pères de l'Église : c'était près de lui
que plusieurs jeunes prêtres venaient faire en quelque sorte
leur noviciat de vertus et de charité chrétienne, noble apprentissage, qui, près d'un tel maître, était déjà un honneur.
Chaque mardi, sous les yeux de saint Vincent de Paul, se
rassemblaient ces pieux disciples : c'est là qu'on traitait des
besoins de l'Église, quels malheurs il fallait secourir, quels
hôpitaux doter, quels princes et quels seigneurs attendrir ;
et de ce conseil de bienfaisance partaient sans cesse des con-
solations au peuple, des bienfaits aux pauvres, des exhorta-
tions aux grands : c'est là que Bossuet s'instruisit des devoirs
du sacerdoce.

Examinons quel était à cette époque l'état de la France et
de l'Église.

La Fronde, où rien ne sembla garder son caractère naturel,
où la guerre civile ne fut ni cruelle ni haineuse, où la révolte
ne descendit jamais jusqu'aux passions populaires, où les
manifestes furent des chansons, où les changements de parti
ne déshonoraient personne, tant la conscience paraissait peu
intéressée au milieu de ces frivoles débats ; la Fronde, qui,
pour le parlement, fut un procès avec la guerre civile en
guise d'incident ; pour le coadjuteur, une sorte d'étude et
d'esquisse de conspiration ; et pour Condé, une affaire de

dépit ; la Fronde n'était plus qu'un souvenir incommode qu'on se hâtait d'effacer par une ardente soumission : c'était une dernière expérience qui révéla à chacun le secret de sa force ou de sa faiblesse ; à la noblesse, abattue par Richelieu, que désormais elle n'était plus rien dans l'état, et les grands seigneurs de vassaux se firent courtisans ; au parlement, qu'une assemblée de légistes est inhabile à la révolte, et les magistrats de tribuns redevinrent juges ; au peuple, que, dans une sédition sans fanatisme, il n'avait pas encore de rôle, et il revint doucement à l'obéissance : enfin, princes, nobles, magistrats, bourgeois, tous se sentirent ou faibles, ou maladroits, ou inutiles ; la royauté seule se sentit puissante : les temps étaient arrivés où, forte au milieu de l'affaiblissement de tous, entre une noblesse qui n'était plus qu'un nom, un parlement qui ne savait pas ce qu'il devait être, et un peuple qui n'était rien encore, elle devait se montrer avec toute sa grandeur, et ce mot tant reproché : *L'état, c'est moi*, n'était qu'une vérité : Louis XIV jugeait les choses comme elles étaient. Peut-être n'eut-il d'autre tort que d'avouer par ce mot sa toute puissance, et d'annoncer trop hautement que l'œuvre de Louis XI, de Henri IV et de Richelieu était enfin accomplie.

Ce qu'il y a de remarquable dans la Fronde, c'est que le clergé ne s'en mêla pas : car ce n'est pas au nom de la religion que Retz se fit chef de parti ; il briguait plutôt le rôle de Catilina que celui du cardinal de Lorraine : aussi n'y eut-il rien dans la Fronde que de frivole et d'incertain. A chaque instant, l'esprit de suite et d'opiniâtreté manque à cette mutinerie politique ; le clergé avait fait la ligue : aussi était-ce une révolution : il laissa la Fronde à ses propres forces ; ce ne fut qu'une émeute qui dura quelques années, sans mériter jamais un autre nom.

Sous Louis XIII, ce fut un cardinal qui régna; mais le clergé ne sortit pas de l'Église pour entrer dans l'État; et Richelieu, d'évêque devenu ministre, se servit quelquefois des prêtres comme de serviteurs, mais jamais comme de collègues: jamais prêtre n'eut moins d'esprit de corps que Richelieu; il s'était, pour ainsi dire, sécularisé par son génie et son ambition.

Sous lui, l'Église était savante et vertueuse; mais elle n'était pas plus libre que le reste de la France. Sa mort vint lever ce sceau de terreur et d'obéissance imprimé sur toutes les bouches; tout le monde s'éveilla, chacun avec ses passions et son caractère différent : de là la Fronde turbulente, tracassière, frivole, intrigante; ce fut le réveil des gens de cour; de là le jansénisme et les disputes de la grace; ce fut le réveil de l'Église, grave, sérieuse, telle que Richelieu l'avait faite : quand elle se sentit plus libre, elle eut des sectaires comme la France eut des factieux; mais le jansénisme n'alla jamais jusqu'à l'hérésie, ni la Fronde jusqu'à la révolte : tant les habitudes de la foi et de la royauté étaient alors profondément empreintes dans les esprits : singulier rapprochement ! la Fronde, emportée tant qu'elle pousse le ministre, s'arrête à temps devant le trône; dans le jansénisme, c'est le même caractère de hardiesse et de soumission : ardent et opiniâtre contre le molinisme, il respecte la foi catholique; enfin la Fronde déteste la révolution d'Angleterre sans jamais cesser d'être une sédition (1); et le jansénisme, à son tour,

_______________

(1) Voyez *Quelques Mazarinades*, où la mort de Charles I<sup>er</sup> est *déplorée*.

lutte contre l'hérésie de la réforme sans jamais cesser d'être une secte.

C'est un examen curieux que de rechercher ce que Bossuet a emprunté des écrivains de Port-Royal : son génie a profité du leur ; comme eux, il est attaché à la tradition ; comme eux, il s'appuie sans cesse sur les Pères de l'Église : à Port-Royal, l'austérité de la foi passait des mœurs dans les ouvrages, et les écrits de ces pieux solitaires étaient laborieux et méthodiques comme leurs vertus : l'esprit de Bossuet est aussi sévère et aussi sérieux ; mais il est plus naturel et plus libre. Dans la controverse, Bossuet semble l'élève d'Arnaud ; il a, comme lui, cette force et cette sûreté de jugement si nécessaires au dialecticien ; mais sa manière de raisonner a quelque chose de plus grand et de plus aisé : Arnaud, dans la discussion, est quelquefois trop méthodique ; il suit les règles de sa logique, et, législateur consciencieux, ne veut pas sans doute déroger aux lois qu'il a portées ; il ne s'abandonne pas assez à la raison simple et naturelle : l'allure de Bossuet est plus franche ; c'est celle du bon sens plutôt que de la science : aigri par ses longs combats et par ses malheurs, Arnaud est amer et emporté ; sa constance devient souvent de l'obstination ; on sent dans ses ouvrages l'opiniâtreté du théologien et le ressentiment du banni : Bossuet, respecté à la cour, précepteur du Dauphin, évêque de Meaux, n'a point dans la discussion cette aigreur qui vient de l'infortune ; il est noble et imposant ; il parle de haut : c'est la confiance d'un homme sûr du respect des autres ; c'est le pressentiment et l'ardeur de la victoire plutôt que le désespoir et le courage de la défaite : Arnaud, avant Bossuet, était l'oracle de l'Église ; mais Arnaud s'égare où Bossuet reste

ferme, et les mystères de la grace perdent Arnaud qui veut
les pénétrer, tandis que Bossuet, fidèle à la loi de l'Église, les
adore sans chercher à les éclaircir.

Bizarre destinée que celle d'Arnaud : c'était le grand Arnaud, comme le grand Corneille, et la postérité indifférente
ne se soucie ni de contester ni d'approuver ce jugement. Il
combattit toute sa vie, et pour se reposer attendait l'éternité : ses combats, ses victoires, ses défaites sont aujour-
d'hui oubliés : ardent et inflexible dans ses opinions, tant
qu'il ne lutte que contre des théologiens, il sait, quand les
puissances de la terre s'élèvent contre lui, se soumettre avec
respect. Ce n'est point un de ces prédicateurs de la réforme
appelant l'anathème et la malédiction sur la tête de Louis XIV;
ce séditieux prétendu, ce détracteur de la puissance royale,
écrit, du fond de son exil, pour les Stuarts exilés; ce sectaire défend les droits du Saint-Siége; et l'Europe se de-
mande comment ce défenseur des rois et des papes est
maudit à Rome et banni de Paris; chacun de ses malheurs
semble une méprise ou une énigme jusqu'à ce qu'on prononce le nom de ses ennemis.

Qui peut parler aujourd'hui des jésuites sans flatter et
sans irriter les passions? Puissant institut qui a du moins
cette gloire que personne n'en prononce le nom avec indif-
férence; qui s'est fait une destinée indépendante, et n'a
subi l'influence d'aucun événement ni d'aucun homme;
qui mourut sans la révolution, s'est relevé sans la res-
tauration; et qui attendra long-temps le jugement impartial
de la postérité, s'il est vrai qu'elle ne prononce que sur
ceux qui ne sont plus. A cette époque, les jésuites com-
battaient encore le jansénisme; ils avaient vaincu à la cour

G.                                                                    2

et à Rome; mais devant le public ils avaient perdu leur cause. En France le parti du talent, de la satire et du malheur devient aisément populaire, et les jansénistes avaient Arnaud et Nicole pour se défendre, Pascal pour attaquer, et les religieuses de Port-Royal pour souffrir.

C'est au milieu de ces débats que Bossuet entra dans la carrière; c'est de lui que semble dater l'ère nouvelle de l'Église : elle rejette les arguties théologiques et les distinctions des casuistes; et le caractère de la religion, comme celui de la littérature, sous Louis XIV, est le bon sens et la netteté : alors la piété est aussi solide que le goût; et la conscience s'éloigne des subtilités de l'école, comme l'imagination des raffinements du bel esprit.

Bossuet annonça de bonne heure cet esprit de précision ennemi des vaines recherches, et qui s'attache aux choses telles qu'elles sont, sans se laisser séduire par de chimériques projets de réforme. Il avait pris pour épigraphe de sa thèse de théologie : *Timete Deum, honorificate regem*; et il fut toute sa vie fidèle à cette maxime : il craint les novateurs en religion comme en politique, et s'indigne contre les brouillons de l'Église et de l'État : il veut en quelque sorte contenir le torrent de l'esprit humain entre l'autel et le trône comme entre deux digues indestructibles; c'est là qu'il lui permet de couler sans franchir ses rives. Jamais l'incertitude n'a tourmenté l'âme de Bossuet comme celle de Pascal; jamais il ne s'est élevé entre le ciel et lui un de ces doutes terribles qui semblent nous dérober un instant la vue de Dieu : aussi sa conviction est calme et imposante, son éloquence auguste et majestueuse. Il n'a point cette pénétration inquiète qui caractérisera plus tard l'esprit philosophique ; il ne creuse pas jusqu'au fond des choses ; il les prend telles qu'elles se montrent, l'Église avec cette antiquité qui la réunit à l'origine des temps, le trône avec le despotisme de Louis XIV.

Il y a entre Louis XIV et Bossuet une secrète conformité ; c'est la même sûreté de jugement ; c'est un bon sens sévère, plein de force et de dignité : Louis a foi dans la royauté ; c'est une sorte de religion dont il se voit le Dieu sans étonnement, tant il se trouve dans son naturel : Bossuet a la même foi au pouvoir ; jamais le monarque n'a douté de sa toute-puissance, ni l'évêque hésité dans sa soumission : l'un est roi comme l'autre est sujet, en conscience ; et c'est là ce qui donne au despotisme de Louis XIV cette majesté qui le tempère, comme à l'obéissance de Bossuet cette dignité qui l'ennoblit : ennemis des rêves chimériques, prompts à discerner l'esprit de secte ou de faction, Louis XIV et Bossuet craignent également la nouveauté : le prélat condamne ce qui s'écarte des règles antiques de la foi, et le prince ce qui s'écarte des habitudes de la monarchie.

Bientôt Louis XIV nomma Bossuet précepteur du Dauphin. Dans une monarchie, l'éducation du prince est une sorte de ministère ; c'est un dépôt sacré dont les peuples quelque jour auront droit de demander compte. Bossuet s'en chargea avec une sorte d'effroi religieux. Cette cour brillante, cet appareil de magnificence, cet enfant nourri dans la grandeur et dont le berceau même n'avait pas manqué de courtisans, que de périls et de travaux ! *Je désire servir Dieu,* dit-il dans une de ses lettres ; *mais le monde, le monde ! les mauvais conseils, les mauvais exemples ! sauvez-nous, Seigneur ! sauvez-nous ! J'espère en votre bonté et en votre* grace : vous avez bien préservé les enfants de la fournaise ; mais vous envoyâtes votre ange ; et moi, hélas, qui suis-je ! Ainsi, quand Louis XIV et la France s'applaudissaient d'un pareil choix, seul Bossuet se défiait de lui-même : c'est qu'il voyait un devoir où d'autres n'eussent vu qu'une place.

Ce fut le sort du Dauphin d'être entouré de grands hommes et de rester médiocre : fils de Louis XIV et père du duc de Bourgogne, son nom semble appartenir à la généalogie plutôt qu'à l'histoire ; élève de Bossuet, il servit d'occasion à des chefs-d'œuvre, dont il ne profita guère : peut-être, après tout, fut-ce un bonheur pour le Dauphin d'être médiocre et de le sentir. Docile sans efforts, il resta jusqu'à sa mort le second du royaume, sans être jamais embarrassé de sa royale obscurité.

C'était alors le temps des La Vallière et des Montespan, époque de scandales excusés par une sorte de majesté ou expiés par des repentirs austères : la galanterie et la piété, les plaisirs et la crainte de Dieu, se disputaient le cœur du roi, sans que Bossuet pût jamais désespérer de ses efforts, ni M<sup>me</sup> de Montespan de ses séductions. Quel pénible apprentissage du monde que d'avoir à lutter contre les passions du roi et les intérêts de la cour, sans autre force que celle de la religion ! Le courtisan oppose l'intrigue à l'intrigue, l'amour à l'amour, M<sup>lle</sup> de Fontanges à M<sup>me</sup> de Montespan : Bossuet n'opposait que Dieu et la conscience ; il était à la cour comme une sorte de médiateur entre Dieu et le monde ; il ne s'approchait des vanités humaines que pour les soulager et les guérir ; il semblait dire, comme dans l'Évangile : Venez à moi, vous qui souffrez : aux courtisans disgraciés il parlait du service de Dieu plus doux que celui des rois ; aux beautés délaissées, de l'amour du Seigneur, qui ne trompe jamais ; et parfois, du milieu de cette cour pleine de piété jusque dans ses désordres, se tournaient vers le ciel quelques ames délivrées des liens du siècle.

Telle fut La Vallière : ce fut celle des maîtresses de Louis XIV qui donna au monde le moins de scandale par son amour et le plus d'édification par son repentir ; c'est Bossuet qui la guidait vers Dieu : tantôt il s'afflige de ses hésitations ; *elle* (1) *prend encore un peu*, dit-il, *la volonté d'être vertueuse pour la vertu même :* tantôt il espère ; *elle s'avance à Dieu, selon son naturel, d'une manière douce et lente ;* il lui enseigne (2) *à retrouver son cœur et à retirer deçà et delà les petites parcelles de ses désirs épars de tous côtés.* Enfin la grace opère, et alors Bossuet admire l'ardeur de sa pénitence et s'humilie devant elle. *Je parle, et elle fait,* dit-il ; *j'ai les discours, elle a les œuvres* (3) : c'est lui qui conduit la victime à l'autel, et il ne la quitte que *lorsque* (4) *enveloppée du voile mystérieux, cachée à elle-même aussi bien qu'à tout le monde, elle n'est plus connue que de Dieu.*

A la cour, Bossuet vivait entouré de jeunes ecclésiastiques ; c'est là qu'au sein du luxe et de la magnificence, tantôt sous les lambris dorés de Versailles, tantôt dans ces bosquets enchanteurs, *au bruit de ces jets d'eau qui ne se taisent ni jour ni nuit,* il s'entretenait avec de jeunes prêtres de la pauvreté

(1) *Lettres,* tom. XXXVIII.
(2) *Méditations sur l'Évangile.*
(3) *Lettres.*
(4) *Sermon pour la prise d'habit de M^me La Vallière.*

chrétienne et du néant du monde : ainsi ces belles allées
que le soir peut-être Louis XIV et sa cour, à la clarté des flam-
beaux, devaient troubler du bruit de leurs fêtes, calmes et
paisibles le matin, voyaient passer de pieux philosophes, qui
méditaient sur les destinées de l'homme et sur les misé-
ricordes de Dieu. Bossuet correspondait avec Rancé, cet
ardent solitaire qui, de mondain voluptueux devenu réformateur de cloître, enchérit sur la sévérité de la Trappe,
et que ses ennemis ne purent accuser que d'orgueil, seul
défaut que laisse supposer le désir de la perfection. De la
Trappe à Versailles, du sanctuaire de la pénitence à l'asile
des plaisirs, il venait et revenait des lettres : les unes par-
laient des dégoûts de la cour et du tracas des passions, les
autres racontaient les joies de la pénitence et les douceurs de
la cendre et du cilice.

Avouons-le : Bossuet en public suit l'exemple de la cour,
et, comme elle, flatte Louis XIV. Ardent ami de la royauté,
il la présente aux yeux des peuples toujours vénérable et
sacrée ; mais il réserve ses censures évangéliques pour le
silence du cabinet : la postérité a pu s'y tromper : que fait
cependant ce prélat adulateur ? A un prince jeune et conquérant, il conseille la paix ; à un monarque enivré de sa grandeur, il rappelle la gloire de Henri IV, et le bonhomme
n'est pas le seul de ce siècle qui se souvienne du bon roi (1).

Louis XIV aimait dans Bossuet son esprit de réserve et de
soumission ; c'était à lui qu'il se confiait dans les affaires de

---

(1) *Lettre au roi*, tom. XXXVIII.

l'Église : ce fut lui qui dirigea l'assemblée de 1682. Il fallait reconnaître les bornes du pouvoir spirituel et temporel, tenir la balance entre toutes les prétentions, faire et rendre justice, enfin rester gallicans et catholiques. Le parlement, trop épris de ses maximes, eût peut-être poussé les libertés gallicanes jusqu'au schisme : le clergé tempéra à propos la hardiesse par la soumission. *Bossuet parle net* (1), *car il le faut partout, et surtout en chaire ; mais il parle avec respect : il adoucit son langage ; il craint de blesser les tendres oreilles des Romains ;* mais quelquefois aussi il élève la voix au nom de la théologie et de la politique. *Quoi* (2)*! dit-il, Bellarmin tient lieu de tout à Rome, et fait seul toute la tradition ! quelle espérance de ramener les princes du Nord et de convertir les rois infidèles, s'ils ne peuvent se faire catholiques sans se donner un maître !*

En 1682, l'Église de France avait témoigné de ses libertés ; en 1700, elle témoigna de sa piété et de sa foi, et défendit la pureté de la morale contre les casuistes, et l'exactitude du dogme contre les jansénistes. Bossuet s'était prononcé de bonne heure contre le relâchement des uns, *pleins d'une pitié meurtrière,* et contre la rigueur des autres *traînant toujours l'enfer après eux ;* sa raison s'irritait des subtilités des casuistes, et sa vertu s'indignait de *leurs ordures :* c'était au nom de la religion qu'ils autorisaient le vice ; et la loi de Dieu devenait moins sévère que les préjugés du monde. Déplorable égarement ! Ainsi, quand de la morale on veut faire un art subtil et calculé, quand

_____

(1) *Lettres.*
(2) *Lettres.*

elle n'est plus une révélation du ciel et de la conscience, elle
se dégrade par le raffinement et la subtilité; ce n'est plus
qu'un labyrinthe de règles et d'exceptions où l'âme s'égare
et périt misérablement. Les casuistes firent pour la morale
ce que les scolastiques avaient fait pour la philosophie. A
force de définitions et de divisions, ils corrompirent tout,
comme l'école avait tout embrouillé : ils furent plus dange-
reux et plus coupables, car ils gâtaient la conscience.

Jusqu'ici, à la cour et dans les assemblées du clergé, nous
avons vu Bossuet partout interprète éclairé de la religion;
voyons le maintenant combattant pour elle contre la réforme
et contre le quiétisme : quelles luttes et quels athlètes!
Claude, Jurieu, Burnet, Fénelon; et, seul contre tous, Bossuet toujours inébranlable. A cette époque, les controverses
avaient succédé aux guerres de religion; et la plume des
docteurs remplaçait l'épée des Guises et des Coligny : Richelieu, qui prétendait à toutes les gloires et qui se piquait d'être
théologien aussi bien que poète, disputa contre la réforme;
mais son meilleur argument fut la prise de la Rochelle:
Arnaud et Nicole descendirent dans cette lice toujours ou-
verte; Bossuet y parut bientôt, et attira sur lui tous les
regards: qui saura peindre ces tournois théologiques et ces
combats qui avaient leur intérêt et leur gloire? La France
et l'Allemagne, l'Italie et l'Angleterre, attendaient avec des
vœux inquiets la nouvelle d'une conférence entre Bossuet et
Claude : on parlait d'une conversion comme d'une victoire
ou d'une défaite; et il y avait des consciences gagnées à la
foi catholique qui troublaient la Hollande comme aux jours
du passage du Rhin.

Aujourd'hui, nous prenons en pitié ces graves discus-

sions, insensés qui ignorons qu'il n'y a point de débats
où n'entre la liberté. Au seizième siècle, la liberté c'est
d'examiner la foi et les croyances. Luther et Calvin ne
réclament pas les droits du vassal ni du citoyen, mais
l'indépendance du sectaire et du docteur. Au dix-huitième
siècle, la liberté passe de la théologie dans les lettres ;
car la littérature était alors le goût et la passion de l'é-
poque. Enfin aujourd'hui la liberté est dans la politique.
Ainsi, pour déconcerter ses ennemis, c'est dans notre sentiment le plus vif et dans notre passion dominante qu'elle
vient tour-à-tour s'établir, changeant de formes sans jamais changer de nature. De là son intérêt dans toutes
les luttes de l'humanité et sa part dans tous les mar-
tyres.

O vous qui méprisez si légèrement, creusez au fond de
ces discussions théologiques, écartez les mots qui vous
trompent, pénétrez jusqu'aux choses ; Claude et Bossuet
débattent ce que vous débattez encore !

Chaque époque semble avoir une idée dominante. Dans
le siècle de Louis XIV, c'est l'unité ; rien ne reste isolé et
indépendant ; tout se régularise et se subordonne : la littérature sous l'influence de Racine et de Boileau ; la philosophie
sous les auspices de Descartes ; la politique sous le pouvoir
de Louis XIV. Si quelqu'un alors se fût avisé de définir la
religion un rapport individuel de l'homme à Dieu, il eût
choqué tous les esprits : catholiques ou réformés, tous croient
qu'il doit y avoir un culte commun ; et cette idée fait la force
de Bossuet et la faiblesse de Claude dans leur controverse. Le
catholique n'examine pas, il croit, et l'autorité de l'Église
est la règle de sa conscience : la réforme mêle l'examen et

3

l'autorité ; elle a besoin de l'un contre Rome, et de l'autre contre les sectes indépendantes.

La conférence entre Claude et Bossuet n'est pas seulement une discussion de théologiens ; c'est un drame ; c'est un combat qui a ses alternatives de crainte et d'espérance : Claude est habile ; sa logique est forte et serrée, son langage est précis et élégant ; c'est le défenseur d'un parti qui sent déjà l'approche de la persécution, et qui, pour se relever, a besoin d'une victoire ; son rival est l'oracle de l'Église ; quelle gloire de le vaincre ! c'est un évêque de cour ; quelle joie de l'humilier ! que de vœux s'attachent aux paroles de Claude ! il parle ; les protestants espèrent et se regardent avec un sourire de confiance : Bossuet répond ; les catholiques respirent et s'encouragent ; ce n'est point un dialogue fait à plaisir ; dans Platon, Socrate doit avoir raison, et les sophistes jouent le rôle des oncles de comédie qu'il est de règle de rendre dupes : ici la guerre est franche ; Claude n'est pas chargé de déraisonner à la gloire de son rival : il porte et reçoit des coups ; tantôt il presse son adversaire ; tantôt il se défend : Bossuet ne dissimule pas ses inquiétudes ; il avoue qu'il a tremblé, sorte de franchise qui sied aux braves et aux vainqueurs : il prie Dieu ; car *il s'agit du salut d'une ame :* il craint de paraître faible, et ce n'est point amour-propre, c'est zèle du Seigneur ; il y a là une ame qui sera éternellement heureuse ou malheureuse, selon qu'il aura tort ou raison ; et, dans l'ardeur de sa foi, il croit voir le ciel et l'enfer attendre l'issue de la lutte.

Jamais la réforme n'eut d'adversaire plus redoutable ; il sait que, pour dissiper ses ennemis, Dieu n'a qu'à se montrer, et il découvre à tous les yeux la majestueuse simplicité de la religion : l'*Exposition de la foi catholique* fut traduite dans toutes les langues, et, se répandant de proche en proche, alla évangéliser les peuples protestants jusqu'au fond de l'Allemagne. Il y a entre ce livre et l'*Histoire des variations* une liaison d'idées remarquable : dans l'*Exposition de la foi*, il présente l'Église toujours une et immuable; dans les *Variations*, la réforme toujours changeante et indécise : à l'immutabilité de la foi catholique, il oppose les contradictions et les incertitudes de la réforme; ici la vérité qui est toujours stable, parce que sa nature est de se satisfaire elle-même; là l'erreur toujours variable et passagère, parce qu'elle ne se contente jamais.

La pensée fondamentale de l'*Histoire des variations*, c'est que l'instabilité des opinions est le caractère de l'erreur; telle était l'idée dominante du siècle de Bossuet. A cette époque, fatigués des agitations du seizième siècle, les esprits penchaient vers l'autorité; et la réforme elle-même n'osait pas avouer que, fondée sur la liberté, c'était sa nature de changer sans cesse : aujourd'hui les variations de la liberté politique nous ont appris à être moins sévères. Nos ancêtres ne croyaient guère à la vérité des doctrines si elles n'étaient invariables : de nos jours l'invincible opiniâtreté d'opinions nous semble aussi un des signes distinctifs de l'erreur; ainsi il y a tel siècle où c'est un tort de changer sans cesse, et tel autre où il messied de rester immobile : le mérite des écrivains dans la polémique, c'est de savoir connaître leur temps, c'est de frapper où les contemporains croient que le coup sera mortel.

Un théologien ordinaire n'eût fait de l'*Histoire des variations* qu'un livre de controverse; mais le génie de Bossuet

3.

sait tout animer. Avec quelle énergie il peint Luther ! Rien n'est oublié du caractère étrange de ce réformateur, de ce prophète nourri de scolastique, qui fait une révolution avec des arguments de théologie, *qui met en thèses ses fureurs*, qui réunit à l'opiniâtreté du docteur quelque chose de l'ardeur du guerrier, et veut comparaître à Rome avec vingt mille hommes de pied et cinq mille chevaux ; *alors je me ferai croire*, dit-il. Bossuet semble oublier la controverse ; il s'enflamme d'une sorte d'indignation enthousiaste ; c'est un évêque qui maudit un hérésiarque ; c'est en même temps un poète qui chante un de ces hommes extraordinaires que Dieu envoie pour changer la face du monde. Bossuet respecte dans Luther le ministre des vengeances célestes, et il croirait offenser Dieu que de chercher à rabaisser ce génie marqué du sceau de la grandeur et de la colère divine ; ce n'est point un portrait fait à force d'antithèses ; c'est Luther avec toutes ses passions : il n'est nulle part si grand que dans Bossuet, parce que nulle part il n'est représenté avec plus de vérité. Dans les premiers écrivains de la réforme, Luther est un saint ; ce n'est plus un homme : à force de vouloir le rendre admirable, ils le rendent monotone ; ce n'est plus ce pédant qui remuait les passions populaires et qui fit tant écrire et tant combattre, *ce buveur de bière qui ravageait par la parole* et avait foi en sa prière ; c'est un ange et un élu du Seigneur. Dans Bossuet, il est tel qu'il fut, plein de génie et de mauvais goût, de fanatisme et de bouffonnerie ; c'est un homme tel que Shakespeare aime à en peindre, pétri de contrastes bizarres ; et ces contradictions de caractères, qui eussent plu au poète comme un ressort dramatique, ne déplaisent pas au prélat comme un signe précurseur des variations de la réforme.

C'est là ce qui donne tant d'intérêt à l'*Histoire des varia-tions;* c'est un drame où revivent tour-à-tour Mélanchton, qui pleurait les malheurs de la guerre, et voyait des hommes où son siècle ne voyait que des protestants et des catholiques, cette ame tendre et résignée qui s'écriait : Si je n'avais pas de chagrins, prierais-je Dieu avec tant d'ardeur ? Mélanchton, que Bossuet semble regretter comme une ouaille chérie; Calvin, qui fit schisme dans l'hérésie, que Rome excommunia, et que condamna Luther; Henri VIII, ce roi théologien, qui ne doutait pas plus de son pouvoir que de sa raison, qui changea de cultes comme de maîtresses, et sembla se jouer de la religion comme du mariage. Avec quel mépris Bossuet raconte la réforme de l'Angleterre, ses souplesses de conscience et ses apostasies successives! c'est le langage d'un évêque qui s'indigne de voir la religion asservie au pouvoir temporel, et qui, à ce honteux abaissement, oppose l'independance de l'Église catholique. Le catholicisme en effet est souvent inquiet sous un maître protestant; mais il n'est jamais esclave sous un roi catholique, et, au besoin, il serait plutôt ambitieux que servile.

Dans les *Variations*, luthériens, calvinistes, zuingliens, anglicans, tous viennent passer tour-à-tour devant le tribunal de Bossuet, et s'élever en jugement les uns contre les autres, Luther contre Calvin, Calvin contre Luther, l'Allemagne contre la Suisse : effroyable confusion que le génie de Bossuet n'a démêlée que pour la faire ressortir. C'est ainsi qu'il était beau de vaincre la réforme; paisibles succès qui n'étaient dus qu'au génie, et dont Louvois ne pouvait rien revendiquer : douces victoires qui donnaient des joies que la charité chrétienne pouvait excuser; heureux temps enfin où Bossuet n'avait point à secourir de victimes de la persécution, ni à les voir s'étonner d'être secourues par lui!

Quand Bossuet combat la réforme, il s'agit d'une question qui se débat depuis plus d'un siècle, et que comprend le monde. Il n'en est pas de même du quiétisme, sorte d'hérésie née de l'excès de la perfection; c'est une doctrine neuve et mystérieuse : alors la polémique de Bossuet prend un autre caractère; il explique en même temps qu'il discute; mais il n'a pas, comme son rival, l'art de mettre de la clarté dans les subtilités de la théologie; il le sent; il s'irrite contre cet ennemi insaisissable, et, d'un ton de défi, le somme de venir *combattre en plaine et de quitter ses brouillards.*

Jamais génies ne furent si différents ni si égaux que Bossuet et Fénélon : l'esprit de Bossuet ne sort pas des bornes assignées aux idées de son siècle; il s'arrête à ce qui est : Fénélon, avec *son esprit à faire peur*, va plus loin que ses contemporains; son caractère est retenu et modéré; mais sa pensée est vive et remuante : Bossuet n'aime que ce qui est établi; et, pour lui plaire, la vérité a besoin d'être ancienne : Fénélon juge les choses sans s'inquiéter si elles sont vieilles ou nouvelles : Bossuet, avec son génie net et solide, s'en tient à la foi catholique et à la royauté de Louis XIV; Fénélon, avec son esprit pénétrant et son ame affectueuse, veut perfectionner la religion et la monarchie; il s'abandonne au mysticisme et propose les états-généraux : Bossuet est gallican et défend les libertés de l'Église telles qu'il les a trouvées; Fénélon est ultramontain, parce qu'il voit l'Église de haut et dans son unité mystique. Dans l'éducation du Dauphin, Bossuet ne s'écarte pas de la méthode ordinaire des études, et ses leçons d'histoire et de philosophie sont des chefs-d'œuvre sans être des innovations : Fénelon, bel esprit chimérique, comme disait Louis XIV, ose, en dépit de la routine, composer pour son élève des fables et un roman.

Bossuet étonna son siècle quand, à la naissance du quiétisme, il s'écria qu'il y allait de toute la religion. Le mot parut exagéré ; il n'était que vrai. C'est encore le vieux débat entre l'autorité et l'examen, entre la soumission et la liberté. Dans la réforme, c'est la raison qui devient juge de la foi et du culte ; dans le quiétisme, l'amour pur devient aussi la seule règle de la religion. La réforme n'a besoin que de la raison pour reconnaître Dieu ; le quiétisme, pour l'adorer, n'a besoin que de l'amour. Dans le catholicisme, le culte est placé comme intermédiaire entre Dieu et l'homme ; ici l'amour pur s'élève vers le Ciel, sans emprunter l'appui des cérémonies religieuses. La piété vulgaire a besoin de signes et de symboles qui l'entretiennent sans cesse de Dieu ; l'amour pur se suffit à lui-même ; de là l'inutilité des sacrements, le mépris de l'Église et du culte public, autant de religions qu'il y a d'hommes, voilà les conséquences dangereuses que prévoit la raison sévère de Bossuet. C'est en vain que Fénelon s'abuse : le quiétisme aboutit au déisme.

Bientôt la lutte s'engagea : *opposés front à front*, ils redoublent de génie et de talent, Bossuet pour vaincre, et Fénelon pour n'être pas vaincu : à côté d'eux, se trouvait une femme d'une piété ardente et enthousiaste, madame Guyon, qui prétendait au martyre, et n'obtint que la Bastille. La dispute fut souvent amère : Bossuet s'emporte dans l'attaque ; Fénelon a le tact de l'homme de cour; il sait se défendre sans jamais prendre l'attitude d'un factieux ou d'un sectaire; il garde les bienséances de la politesse; mais la charité chrétienne exige plus que le monde.

La politique de Bossuet ressemble à sa théologie; elle n'est ni subtile ni chimérique: la théocratie de Moïse et la monarchie de Louis XIV, voilà ses deux types, voilà sur quelle mesure il juge le passé et le présent; la théocratie et la royauté semblent se contredire; mais, comme il y a entre Moïse et Louis XIV trois mille ans d'intervalle, Bossuet, qui s'attache aux choses plutôt qu'aux théories, admire le sacerdoce à Jérusalem et la monarchie à Versailles, sans s'inquiéter de leur différence : l'Égypte, avec ses institutions immobiles, avec ses rois qui étaient jugés à leur mort et ses prêtres qui ne l'étaient jamais, parce qu'il n'y a pas de tribunal où se juge la souveraine puissance, l'Égypte est vantée par Bossuet; et la sévère grandeur des Pyramides plaît à son génie comme une image du gouvernement. Il aime tout ce qui est grave et régulier, à Athènes, l'aréopage; à Rome, le sénat; en France, la royauté absolue et l'épiscopat. Cependant ce goût de l'ordre et de la stabilité n'est point dans Bossuet un système impérieux; il ne cherche pas à y ramener tous les gouvernements quels qu'ils soient; il respecte ce qui est établi, et n'approuve pas plus les novateurs dans les républiques que dans les monarchies. *Il faut* (1) *demeurer*, dit-il, *dans l'état auquel un long temps a accoutumé le peuple*, et Dieu prend en sa protection tous les gouvernements légitimes. Il

______

(1) *Avertissements aux protestants.*

n'est point indifférent entre la démocratie et la royauté ;
mais il souffre ce que Dieu veut, et se résigne à ses desseins :
de là son impartialité dans l'histoire ; de là cette justice
rendue à la Grèce et à l'Italie ; il ne leur conteste ni leur
gloire ni leur puissance, puisque Dieu a permis leurs exploits
et leur liberté.

Dans Bossuet, c'est Dieu seul qui avertit et qui menace ; le
peuple doit se taire ; les princes ont des devoirs sans que les
sujets aient des droits. Bossuet ôte aux rois la crainte du
peuple ; mais il met à la place la crainte de Dieu. Ainsi la
foi du monarque devient une des garanties de la liberté
publique, et il faut être impie pour oser être tyran. Que
parlez-vous de pactes primitifs ou d'assemblées politiques ?
voici qui vaut mieux que la force des parlements, c'est le
respect de Dieu, c'est la sainteté de la religion gravée dans
le cœur des rois. Un peuple obéissant sous un roi pieux,
voilà, aux yeux de Bossuet, le modèle des gouvernements :
beau rêve qui rappelle celui de Platon, lorsqu'il souhaitait
aux peuples des monarques philosophes, comme si sur le
trône c'était assez du zèle de la philosophie ou de la dévotion
pour n'avoir plus à se défier de soi-même, comme si la piété ou
la sagesse humaine, toujours faibles et fragiles, n'avaient pas
besoin de trouver hors de leur conscience, toute pure qu'elle
est, des garanties contre les séductions de l'autorité souveraine.

Aujourd'hui habitués dès l'enfance à tous ces mots sacra-
mentels de constitution et de représentation nationale, c'est
pour nous une étude curieuse que de lire la *Politique de
l'Écriture-Sainte*. Nous entendons tout-à-coup retentir à nos
oreilles comme les sons d'une langue nouvelle. Laissez là
l'équilibre délicat de vos trois pouvoirs ; venez voir la société

naissant dans les bosquets d'Éden : les gouvernements s'établissent ! est-ce en vertu de quelque contrat social ? non ; c'est Abraham ou Jacob assis le soir devant leur tente et jugeant leur famille. Ainsi, en suivant cette histoire qui commence avec le monde, Bossuet assiste tour-à-tour à la naissance de la société, à l'établissement des empires ; et cette nation mystérieuse qui, au rebours des autres peuples, sous Moïse, eut une législation avant d'avoir une patrie, ce peuple de Dieu qui passe tour-à-tour de la théocratie à la royauté, de la captivité de Babylone à la gloire des Machabées, offre des modèles de gouvernement divers et des leçons de différentes fortunes. C'est dans ces annales sacrées que Bossuet devait aimer à étudier la politique : homme d'état, il y trouvait une variété capable d'inspirer son génie ; évêque, une autorité qui rassurait sa foi.

La *Politique de l'Écriture-Sainte* n'est point un commentaire qui suit pas à pas l'histoire du peuple juif ; c'est un ouvrage théorique, une suite de principes et de raisonnements ; et pourtant il n'y a ni sécheresse ni pédantisme. Puissance de la parole de Dieu ! en cherchant l'autorité, la politique a trouvé une grace nouvelle. Ce traité méthodique est plein de l'inspiration de la Genèse, de la fraîcheur des premiers jours du monde, de l'ardeur des Cantiques et des Prophéties : à chaque instant, du fond de ces théories arides, jaillissent la poésie et l'éloquence, comme ces eaux vives qui sortaient des rochers du désert. Mais jamais l'essor de la parole divine n'interrompt la suite du raisonnement : la liberté et la splendeur des citations ne troublent jamais l'ordre et la clarté des principes ; et le génie de Bossuet fait marcher de front l'enthousiasme et la méthode.

Cependant, par un singulier aveuglement, cet esprit, tout pénétré de l'Écriture, semble ignorer quelle différence de mœurs et d'idées il y a entre la Genèse et la cour de Versailles; entre le pouvoir des rois juifs, contrarié par l'opposition sévère des prophètes, et l'autorité de Louis XIV, qui refusait à la chaire chrétienne le droit de *lui faire sa part;* entre la simplicité des patriarches et la complication de la politique moderne. Il emprunte à la Bible les leçons de gouvernement qu'il donne à l'héritier du roi de France. Chose bizarre! dans la sincérité de sa foi, il adore la royauté juive; c'est à ses yeux un modèle divin; mais il sait aussi, dans son zèle pour la monarchie, que le trône de Louis XIV est au dessus du trône de Juda : alors, par une transaction involontaire, il rapproche le gouvernement du peuple de Dieu de l'idée qu'il s'est faite du pouvoir absolu. Jamais il ne perd de vue Louis XIV, et, sous la tente même des patriarches, nous rencontrons avec étonnement la majesté du grand roi.

Dans la *Politique de l'Écriture-Sainte*, Bossuet expose les principes des gouvernements; c'est le ton d'autorité d'un homme d'état : dans ses *Avertissements aux Protestants*, il réfute les sophismes de Jurieu; alors c'est la véhémence du dialecticien : il change de manière; mais c'est toujours le même esprit d'ordre, le même amour de l'autorité : il condamne le droit de désobéir comme le droit d'examiner. Dans le doute, quelque timide qu'il soit, il voit poindre l'incrédulité, et, dans la résistance, commencer l'anarchie. Il n'y a point de milieu : il faut croire au nom de l'Église; il faut obéir au nom du roi. La politique de Fénélon est moins roide et moins impérieuse. Épris de ses idées d'amour,

c'est par l'amour qu'il unit les peuples et les rois, et il en
fait le lien de la politique comme de la religion : ce n'est
plus une autorité sévère qui du monarque descend sur
les sujets avec une force irrésistible ; c'est un sentiment
plus doux qui du peuple s'élève vers le roi : il s'obtient et
ne s'exige pas ; c'est une sorte de liberté secrète : ce n'est
plus, comme l'obéissance, un devoir que le prince réclame ;
c'est un sentiment qu'il risque de ne pas inspirer.

Ainsi, théologie et politique, Bossuet blâme tout ce qui
s'écarte des règles établies ; dans la philosophie, c'est encore
le même caractère, et il veut contenir cet esprit d'indépendance et de recherche qui en fait la gloire et le danger. Ici
jetons un regard rapide sur l'histoire parallèle de la religion
et de la philosophie. Cette digression est nécessaire pour
apprécier les travaux de Bossuet.

Avant Jésus-Christ, la philosophie et la religion étaient
indépendantes l'une de l'autre : le paganisme ne se souciait
guère d'expliquer l'énigme de la destinée humaine ; c'était
un soin laissé aux philosophes : vint le christianisme qui sa-
tisfit la foi par le culte, et la raison par l'explication des
mystères de notre destinée. Alors naquit la théologie, sorte
de science qui ne pouvait naître qu'à cette époque ; car c'est
la philosophie unie à la religion : alors aussi commença une
lutte cachée : la part que le christianisme avait faite à la
philosophie ne suffisait pas à son inquiétude ; de là les hérésies qui ne sont que les tentatives de l'esprit philosophique
pour empiéter sur la religion : la philosophie n'osait pas encore
fonder un empire à part ; mais, contenue à grand'peine dans
le domaine de la foi, elle essayait d'y trouver l'indépendance
par l'innovation, et vivait cachée au fond de la théologie

qu'elle agitait : jusqu'à Bacon et Descartes tous les philosophes sont théologiens.

Avec Bacon et Descartes commença une ère nouvelle, et c'est à cette époque qu'appartient Bossuet. La philosophie se sépare de la théologie ; l'Église, fatiguée des hérésies du seizième siècle, voit sans regret s'éloigner cet hôte incommode ; l'antique alliance est rompue. Cependant la philosophie, comme une colonie qui vient à peine de quitter sa métropole, est encore docile ; mais Bossuet, dans cette indépendance respectueuse, voit déjà poindre la guerre. Mallebranche succède à Descartes, et la métaphysique intervient dans la religion ; *un grand combat*, dit-il dans une lettre, *se prépare contre l'Église sous le nom de la philosophie cartésienne : il s'introduit une liberté de juger, qui fait que sans égard à la tradition, on avance témérairement tout ce qu'on pense.*

Ainsi, quoique cartésien comme tous les grands hommes de son siècle, Bossuet cependant s'afflige du schisme de la religion et de la philosophie, et il craint cette science inquiète, qui autrefois s'émancipait par l'hérésie, tout enfermée qu'elle était dans le sanctuaire, et qui aujourd'hui, livrée à elle-même, va bientôt se perdre dans la hardiesse de ses pensées : aussi il cherche à la ramener à Dieu ; c'est là le but de tous ses ouvrages.

Descartes avait imprimé à l'existence humaine le sceau de la certitude ; et le fameux axiome, *Je pense, donc je suis*, était gravé comme ineffaçable dans le sanctuaire de la nouvelle école : c'est de là que part Bossuet pour s'avancer plus loin ; il étudie cette faculté de penser que l'homme ne s'est pas donnée, et qu'il a dû recevoir de quelque part, ce principe

immatériel et impérissable qui doit être l'émanation de quelque nature immatérielle et impérissable elle-même ; et alors
il s'écrie : *Je pense, donc Dieu est.* C'est là le résumé de sa
philosophie. La pensée humaine n'est plus seulement le titre
authentique de notre existence ; elle devient la preuve vivante
de la divinité, et, à chaque instant, semble promulguer Dieu
au fond de notre ame. Ainsi, par lui la philosophie est
marquée du sceau divin, et il lui montre que (1) *quelque
grande et élevée qu'elle soit, elle n'en est pas moins sous la
main de Dieu et sous son autorité suprême.* L'ame a ses révolutions que Dieu dirige comme celles des empires ; et il n'est
pas une des pensées qui montent dans le cœur de l'homme,
qui ne rentre dans les desseins du Seigneur.

C'est surtout dans les *Méditations sur l'Évangile* qu'il s'élève
à la plus haute philosophie, et s'y soutient sans efforts : c'est
là qu'avec une incroyable sûreté d'esprit, il se sert de la
métaphysique pour sonder les mystères de la religion, et de
la religion pour contenir la témérité de la métaphysique : sa
pensée s'initie aux secrets de la foi ; il soulève quelques instants le voile impénétrable ; il explique quelques mots du
livre inexplicable ; et l'homme, plein de saisissement et
d'admiration, ne sait plus s'il adore la profondeur des mystères divins ou la profondeur du génie de Bossuet.

Dans la *Connaissance de Dieu et de soi-même*, ce n'est plus
le même ton d'inspiration et de hardiesse ; il analyse avec
exactitude les éléments de nos connaissances ; il examine
avec netteté les facultés de notre esprit. Ce n'est point une

---

(1) *Oraison funèbre de la reine d'Angleterre.*

clarté trompeuse qui se contente d'éclairer la surface sans
pénétrer au fond des choses ; il ne rétrécit pas la science
pour la régulariser comme ont fait les philosophes du dernier siècle : il est simple sans être incomplet. Ce n'est pas
non plus cette finesse minutieuse d'observations et ce rigoureux enchaînement d'idées qui, de nos jours, dans la
psycologie, fait le mérite des philosophes de l'école écossaise.
La marche de Bossuet est plus libre ; franchissant les idées
intermédiaires, il semble arriver de plein saut aux conclu-
sions. C'est l'allure du bon sens, quand le scepticisme n'a pas
encore appris à l'homme à douter de ses notions premières.
Aujourd'hui la raison est défiante ; elle marche pas à pas,
passant d'une idée à une autre sans jamais prendre d'essor.
De là, dans la psycologie moderne, beaucoup de délicatesse et
de pénétration : de là une rigueur de raisonnement qui sa-
tisfait et qui inquiète à la fois, tant on voit qu'il faut de pré-
cautions pour ne pas faillir.

Ainsi, dans Bossuet, théologie, politique, philosophie,
tout dépend de la foi, et, sous ce rapport, c'est, si j'ose le
dire, l'esprit le plus systématique de son siècle ; car il subordonne tout à la religion, et semble n'aborder une science que
pour la soumettre à Dieu : mais, en même temps, il n'a rien
de la sécheresse et de la monotonie des auteurs systémati-
ques ; car son vaste génie embrasse à la fois l'ensemble et
le détail des choses ; il résume les sciences sans les raccourcir,
et met l'unité dans la variété : c'est là ce qui fait le singulier
mérite de son *Discours sur l'Histoire universelle ;* tout est
rappelé à une idée dominante, et tout conserve cependant
sa physionomie particulière. Égyptiens, Grecs, Romains, ont
chacun leur attitude, et Dieu intervient sans que l'homme

soit effacé. Devant Dieu, il n'y a ni temps, ni lieu, ni différence d'époque, de pays, de mœurs et de gouvernements :
cependant, dans l'*Histoire universelle*, ces innombrables acci-
dents de la nature humaine sont marqués avec netteté et rap-
portés à Dieu sans jamais se confondre. Bossuet résume et
analyse en même temps : il voit Dieu qui, du haut du ciel,
dirige les choses de la terre ; c'est à lui qu'il ramène tout ;
mais chaque chose a sa forme : Dieu l'a permis, et Bossuet,
avec une religieuse exactitude, conserve aux peuples et aux
événements leurs signes et leurs caractères particuliers.
Ainsi, attentif à discerner et à suivre les conseils de la divine sagesse, l'historien met de la variété dans ses récits,
parce que Dieu a mis de la liberté dans l'homme ; il y met
de l'unité, parce qu'à travers les révolutions successives des
empires, le dessein de la Providence se poursuit sans être
jamais changé ni interrompu.

Quelle admirable revue de tous les peuples ! comme ils
viennent tour-à-tour devant Bossuet témoigner de leur faiblesse et avouer que Dieu seul est grand ! C'est en vain qu'ils
veulent s'arrêter et faire halte : il faut marcher ; il faut
courir : Bossuet pousse les uns sur les autres les siècles et
les peuples. *Marche, marche*, dit-il à l'Égypte, et le trône
majestueux des Pharaons, et ce sacerdoce imposant, et ce
peuple grave et sérieux passe et disparaît bientôt ; *marche,
marche*, dit-il à la Grèce, et ces républiques turbulentes,
cette nation de poètes et d'orateurs, avec tous ses chefs-
d'œuvre et tous ses trophées, va se perdre dans le gouffre
de la puissance romaine ; *marche, marche*, dit-il à Rome
elle-même, et ce peuple invincible, qui sert d'instrument
aux desseins de Dieu, sera à son tour effacé de la terre

qu'il n'aura conquise que pour Jésus-Christ : son aigle, qui
croyait voler au gré de la politique du sénat, est forcée de
reconnaître que son vol était tracé, et qu'elle a suivi le doigt
de Dieu plutôt que l'ambition des Sylla et des Pompée : ainsi
Dieu est partout ; il change et renouvelle à son gré la figure
du monde, et, à la voix de Bossuet, l'antiquité semble se ré-
veiller du tombeau pour s'entendre révéler ce Dieu inconnu
qui présidait à ses destinées, et qui est le seul qu'elle n'ait
point adoré.

Le plan de Bossuet ne convient qu'à l'histoire du monde,
et Dieu ne peut servir de centre qu'à l'univers. Dans l'histoire
d'un peuple ou d'une province, ce serait dégrader la Providence que de la mêler aux minces détails de l'administration
ou aux petits intérêts d'un homme, et il n'y a que les révolutions des empires qui méritent d'être expliquées par les
conseils de Dieu.

Jusqu'ici nous n'avons point parlé de l'éloquence de Bossuet ; arrêtons-nous un instant avant de l'étudier en détail.

Dans Bossuet, tout s'accorde : esprit net et sûr, il rencontre
un siècle qui veut partout de l'unité, et embrasse un état qui
interdit l'examen : aussi la discrétion et la réserve de pensées est le caractère dominant de son époque et de son génie ;
mais cette retenue n'est point une précaution craintive, et
elle n'a ni les petitesses ni les embarras de la peur. C'était
alors la nature des esprits de s'arrêter à temps, sans songer
même à se faire honneur de leur modération, car ils sem-
blaient ne pas sentir qu'ils pouvaient aller plus loin. C'était
une de ces époques où l'homme aime la science pour elle-
même, où les méditations n'ont encore d'autre but que le
développement de la pensée, un de ces siècles enfin qui ont

G.                                                                 5

tous les genres d'esprit , excepté l'esprit qui fait l'application des idées aux choses : ce qui prête à la pensée une portée menaçante, c'est l'application qu'elle a : donnez une intention aux spéculations du dix-septième siècle ; Pascal sera presque un impie, et Corneille un républicain.

Il n'y a point d'éloquence sans liberté; mais c'est être libre que de croire l'être. Au siècle de Bossuet, les esprits ont de liberté tout ce qu'ils en conçoivent ; de là l'éclat de l'éloquence à cette époque ; de là en même temps la force et la sûreté d'idées : car rien ne s'accorde mieux avec le bon sens que cette liberté naïve qui reste sans efforts en deçà du danger et de la hardiesse.

C'est aussi le bon sens qui fait l'éloquence de Bossuet. Destinée à émouvoir tous les hommes, elle puise sa force dans les idées communes à tous les esprits et dans les sentiments naturels à tous les cœurs. C'est par là que Bossuet se rapproche de Démosthène; ils ont tous deux un bon sens solide et profond : Démosthène ne foudroie pas; il raisonne avec le peuple, il se met à sa portée ; il dit tout ce que le monde sait, l'ambition de Philippe et l'indolence d'Athènes : Bossuet parle aussi aux chrétiens de leurs pensées et de leurs intérêts de tous les jours, de l'éternité, de l'incertitude de la vie, ils ne se tourmentent ni l'un ni l'autre à chercher des idées neuves; ils disent ce qui est, mais ils le disent avec une force de raison qui subjugue les esprits. Démosthène est moins élevé et moins imposant que Bossuet; car il ne parle que des choses d'ici-bas: Bossuet parle de Dieu et de l'immortalité de l'âme; mais ils sont tous deux sublimes à force de bon sens et de vérité : de là cette admirable simplicité de style; leurs mots ne sont pas plus recherchés que leurs idées ; chez eux tout est naturel : le secret de leur supériorité c'est de savoir se servir mieux que tout le monde de la langue et des sentiments de tout le monde.

Bossuet façonne les mots à son gré; il leur communique sa puissance; mais n'essayez pas de lui dérober ces expressions marquées de son empreinte. C'est une monnaie qui ne vaut que dans le pays; ailleurs elle n'a plus de titre; ce n'est qu'un mot laissé à sa propre faiblesse. Balzac, avant lui, avait écrit avec noblesse; mais il s'enivre de ses paroles et déguise souvent la pauvreté des pensées sous la pompe des mots. Dans Bossuet, l'expression atteint l'idée sans jamais la dépasser. C'est surtout dans sa philosophie qu'éclate cette heureuse justesse : ce n'est point un jargon prétentieux mêlé de termes de l'école et de phrases poétiques, où les métaphores se croisent et se brisent à chaque instant, où les mots sont plus grands que les idées et trompent le lecteur, pareils à des armures gigantesques qui cacheraient de faibles pygmées : ici le mot égale toujours la pensée. Bossuet n'a pas, comme Platon, le privilège de créer des termes nouveaux; mais il sait se faire obéir de sa langue et la plie à son génie sans la défigurer.

Bossuet imite beaucoup les Pères de l'Église : son génie s'est agrandi, et sa foi s'est fortifiée dans le commerce de ces grands hommes. En effet quelle source d'éloquence, quelle admirable variété d'esprits! Dans le christianisme, chaque pays a son orateur, et l'Afrique elle-même, veuve de gloire depuis Carthage et Annibal, s'enorgueillit de son Tertullien. Ainsi de cette religion qui ne connaît plus ni Juifs ni Gentils, qui appelle tous les hommes aux pieds du même Dieu, naît une littérature qui réunit aussi tous les

5.

génies et toutes les imaginations diverses ; elle n'a ni patrie ni capitale ; elle n'est ni à Rome ni à Athènes ; elle ne connaît ni Béotiens ni provinciaux ; elle est comme la foi nouvelle qu'elle proclame, le patrimoine de tous les peuples. Chrétiens de Marseille ou de Corinthe, esprits nets et profonds de l'Occident, brillantes imaginations de l'Orient, sophistes de l'Égypte, grammairiens de Rome, vous tous enfin de quelque pays que vous sortiez, venez avec vos idées, vos styles et vos accents divers : la littérature du christianisme ne s'inquiète pas de la pureté de langage, et c'est ici une communion de foi et non de goût. Aussi dans les Pères de l'Église, il n'y a ni médiocrité servile, ni timidité d'écolier : tandis qu'à genoux devant ses devanciers, la littérature profane demeure élégante, correcte et stérile, le christianisme, irrégulier et fécond, s'abandonne à la liberté de ses inspirations ; et quand il change la religion du monde, il ne se fait guères scrupule d'en changer la littérature.

Examinons tour-à-tour les sermons de Bossuet et ses oraisons funèbres ; ce sont deux parties distinctes de son éloquence, l'une peu connue et qui mérite notre attention, l'autre trop admirée pour que nous essayons encore de la louer.

Le sermon depuis Massillon, n'est plus guères, qu'un discours sur la morale ; c'est une dissertation académique qui ressemble aux harangues des sophistes de la Grèce ; Bossuet s'en plaignait déja. *On n'enseigne plus les mystères* (1), dit-il ; *on se tient dans les généralités et dans la morale ;* c'est

______

(1) *Lettres.*

qu'il croyait avec les Pères de l'Église qu'il faut avant tout prêcher les dogmes : ainsi pensait Fénélon. Ces deux grands hommes ne faisaient pas de l'éloquence de la chaire un vain jeu de paroles ; c'était un ministère sacré. Il ne s'agit pas ici d'une harangue apprêtée qu'écouteront des oreilles curieuses ; *c'est une éloquence qui juge les hommes au lieu d'être jugée par eux, et ils en sortent plus coupables s'ils n'en sortent pas plus vertueux.*

Voilà quelle idée Bossuet et Fénélon ont de l'éloquence de la chaire ; c'est un exercice de charité et non d'amour-propre ; c'est une œuvre de religion et non de littérature. De là l'autorité et la force de leur langage ; dans l'Église, comme dans les républiques anciennes, l'éloquence n'est pas un stérile amusement, c'est une action. C'est elle qui corrige et qui instruit ; c'est elle qui gouverne. Démosthène et Cicéron, Fénélon et Bossuet ne sont pas des hommes de lettres qui vivent dans le loisir et dans la contemplation. Ce sont des orateurs, des consuls et des évêques : Cicéron déjoue les projets de Catilina. Bossuet combat la réforme et le quiétisme. *Ils parlent, et ils font ; ils ont les discours et les œuvres.*

Avant tout, Bossuet enseigne les dogmes : ce mélange d'instruction dogmatique et d'éloquence vive et impétueuse donne à ses sermons un caractère particulier ; c'est tantôt la marche du dialecticien, tantôt l'essor de l'orateur ; son éloquence soudaine et inattendue brille tout-à-coup au milieu d'une controverse théologique ; quelle confusion apparente jusqu'à ce qu'on trouve le point d'où il faut regarder ! alors quelle force et quelle clarté ! Ce n'est point le rigoureux enchaînement de Bourdaloue ; il semble s'élancer par bonds hardis et irréguliers. Ce sont des sermons faits pour être entendus ; ils ont besoin du geste et de la voix qui achèvent l'idée : quel naturel et quelle liberté de génie! comme il prend hardiment toutes les formes! Courons au drame de la Passion! car ce n'est plus un sermon, c'est un drame : voici Jésus-Christ au prétoire! entendez-vous les cris et les injures des soldats? comme ils se demandent en riant le roseau et la couronne d'épine? quelle vive imagination! quel dialogue terrible et familier! nous frémissons de colère et d'attendrissement. Attendons! le prédicateur a reparu; voici la division rigoureuse des preuves, voici l'explication savante des mystères de la foi! ainsi, dans ses sermons, poète ou théologien, Bossuet prend tous les tons: c'est là peut-être que se découvre mieux qu'ailleurs la nature de son éloquence, admirable mélange d'érudition et de génie.

Les *Élévations sur les Mystères* et les *Méditations sur l'Évangile* sont marquées du même caractère de profondeur et d'abandon, de science et de simplicité. Tendre et gracieux quand il décrit l'enfance du Sauveur, c'est le langage de l'Idylle; c'est une églogue chrétienne pleine de naïveté et de candeur : tantôt avec saint Luc et saint Mathieu, il assiste, en quelque sorte, à la vie de Jésus-Christ, et s'en fait le spectateur; il en renouvelle l'intérêt, et semble nous conduire par la main, à travers les miracles du Sauveur, depuis son berceau jusqu'à sa croix, depuis *le trône de sa pauvreté* jusqu'au trône de son supplice : tantôt philosophe platonicien avec saint Jean, il se plonge hardiment dans la divine obscurité des mystères; mais il ne quitte jamais le fil conducteur de la foi, et il marche à côté de l'Écriture d'un pas ferme et mesuré sans jamais la devancer ni rester en arrière.

C'est cette profondeur de doctrines qui, de son temps, fit la gloire de Bossuet; il était plus admiré comme théologien que comme orateur, et ses controverses éclipsaient son éloquence. Aujourd'hui nous nous étonnons de cette erreur qui nous semble une injustice; mais Bossuet ne s'en plaignait pas. A cette époque, la religion passait avant tous les intérêts, et l'honneur de la défendre avant tous les mérites. Plus tard, les controverses dogmatiques perdirent leur crédit. Alors l'admiration se tourna vers les oraisons funèbres, et Bossuet ne fit que changer de gloire. En effet la théologie peut être plus ou moins goûtée, selon les différents siècles; mais l'incertitude de la vie, la vanité du monde, Dieu, ses promesses de bonheur, ses menaces de justice, voilà la source inépuisable d'une éloquence qui ne doit finir que le jour où il n'y aura plus ni crainte ni espérance dans ce monde.

Dans Bossuet, la mort est une sorte de dogme religieux; c'est une partie du christianisme dont il s'est fait l'apôtre: de quelle voix solennelle il la prêche à la terre! comme il aime à faire retentir ses terribles leçons dans cette cour brillante, dans ce Versailles élevé comme par enchantement, devant ce jeune roi enivré de gloire, d'amour et de flatterie, parmi ces hommes si occupés du monde, qui oublient la mort et que la mort n'oubliera pas! quelle *tristesse chrétienne* dans ses paroles! ce n'est point cette vague mélancolie qui nourrit ses chagrins avec une sorte de tendresse, et cherche des émotions dans la douleur; c'est une tristesse grave et sincère qui se tourne vers la religion plutôt que vers la rêverie; c'est le recueillement d'une âme pieuse plutôt que le désœuvrement d'une sensibilité inquiète.

La vérité dans les oraisons funèbres n'est pas la vérité de l'histoire; Bossuet attaque avec force l'orgueil et l'ambition:

mais il ne nomme jamais les coupables; il est libre avec les
choses et mesuré avec les personnes. Cependant, quand
leur tombe est déjà refermée depuis quelque temps, il parle
des grands de la terre comme en parlera l'histoire; alors il
juge en homme d'état : voyez comme il apprécie la Fronde et
*ces derniers efforts d'une liberté remuante, et ce ministre persé-
cuté et devenu nécessaire par ses malheurs où l'autorité souveraine était engagée.* Disons-le, dans cette manière libre de
juger des hommes, on reconnaît parfois l'hôte de Chantilly.
Bossuet visitait souvent ce prince qui gênait peut-être la cour
de l'éclat de sa gloire née avant Louis XIV, ce frondeur inquiet
devenu sujet respectueux, mais qui tenait à Chantilly une
sorte de cour indépendante avec réserve, et qui ne fut jamais ni l'esclave ni la rivale de celle de Versailles (1). Bossuet,
peut-être à son insçu, rapportait des entretiens de Condé
quelque chose de libre et de hardi qui se mêlait aisément à
la franchise de l'orateur chrétien.

La philosophie du dix-huitième siècle traite l'oraison funèbre d'éloquence servile, consacrée à la gloire des grands,
et qui dédaigne les vertus roturières; justes reproches, si
l'oraison funèbre n'était qu'un panégyrique : mais c'est une
grande leçon donnée au nom de la mort, et quand Bossuet
se fait entendre près du cercueil des princes et des rois, c'est
pour mieux confondre la vanité humaine en attestant *ces
titres et ces inscriptions, vaines marques de ce qui n'est plus,
et tout ce magnifique témoignage de notre néant.* Obscurs
comme nous, les hommes ordinaires ne meurent que pour

---

(1) Voyez la *Visite de Burnet à Chantilly.* — *Histoire de mon temps.*

leur famille, et le monde n'a rien à apprendre auprès de leur tombeau; mais quand une jeune princesse *se sèche du matin au soir comme l'herbe des champs*, quand du milieu des fêtes et des plaisirs elle tombe tout-à-coup entre les mains de la mort, c'est alors que l'homme reconnaît la petitesse de l'orgueil humain. Rois, princes, ministres, pleurés par Bossuet, dites-nous si c'est vous flatter que de montrer avec quel dédain *Dieu vous sacrifie à l'instruction des hommes pendant qu'ils tremblent sous vos mains?* Pourquoi envier ces louanges données à leur naissance et à leurs titres, vaine gloire qui n'empêche pas qu'ils ne descendent au tombeau pour nous servir d'enseignements? Laissez vanter ces princes anéantis; laissez parer la victime; le sacrifice est prêt. Ainsi dans le génie de Bossuet il s'est trouvé une éloquence qui flatte sans déshonneur; car elle n'élève l'homme que pour l'abaisser devant Dieu, et il n'y a pas un de ces éloges donnés à de froides poussières qui ne fasse trembler comme une terrible leçon.

Finissons par un trait qui achève de peindre Bossuet et cette foi ardente et vive qui fut une partie de son génie.

Bossuet était près de mourir; l'abbé Le Dieu, son secrétaire, à genoux près de son lit, le suppliait de penser quelquefois à ses amis qu'il laissait sur la terre et qui étaient si dévoués à sa gloire. A ce mot de gloire qui venait troubler la pieuse humilité de ses derniers instants, Bossuet, ranimé par une sainte indignation, se souleva à demi et retrouva assez de force pour s'écrier : Cessez ces discours, et demandez pour moi à Dieu pardon de mes péchés!

Sublime effroi! voilà cet homme qui fut grand entre tant de grands hommes, qui convertit Turenne, qui loua Condé, combattit Fénelon, et correspondit avec Leibnitz, que craint-

G.	6

il en mourant? c'est qu'on ne s'entretienne de sa gloire plus que
de ses péchés; et il se fait un scrupule d'être immortel dans
la mémoire des hommes, quand son âme attend encore les
jugements de Dieu. Eh bien! tristes témoins de sa mort, laissez
mourir, comme un juste obscur, le défenseur de la religion,
et le dernier Père de l'Église; laissez-le s'abaisser sous la
crainte du Seigneur! il n'échappera pas à cette renommée
qu'il redoute, et l'admirable humilité de sa mort chrétienne
vient, comme malgré lui, couronner la gloire de sa vie. C'est
à la postérité, qui ne se fait point de scrupules dans son admiration, c'est à elle de rendre un libre hommage à la mémoire
de Bossuet.

Esprit fait pour ordonner plutôt que pour discuter, il
aime l'autorité et craint l'indépendance; son génie convenait
à son époque, à la monarchie absolue, à l'Église calme et
respectée, à la littérature naissante et régulière. Dictateur
superbe de l'esprit humain, il plie son siècle sous le joug :
politique, littérature, histoire, philosophie viennent, au son
de sa voix imposante, se renfermer dans le cercle immuable
de la foi. Ses contemporains admirent et se soumettent :
mais il en est de la domination du génie comme de l'empire des conquérants, qui se disperse après leur mort;
il n'y a que leur gloire qui reste impérissable. Bossuet
meurt, et le majestueux faisceau de sa dictature est brisé
sans retour; l'esprit humain s'échappe de tous côtés : déjà
la royauté de Louis XIV a perdu le prestige de ses victoires; déjà le scepticisme perce avec Fontenelle; enfin
Voltaire est né, jeune et audacieux conquérant qui va trans-
porter l'empire à d'autres idées qui elles-mêmes ne le gar-
deront pas. Tant il est vrai que l'esprit humain, dans son

indomptable et éteruelle liberté, ne souffre même que pour un temps le despotisme glorieux du génie.



6.